« ON N'EST PAS LÀ POUR ÊTRE ICI »

À mon ami Vincent

« Nos souvenirs de rugby sont pour nous comme des médailles... »

KLÉBER HAEDENS

SERGE SIMON

« ON N'EST PAS LÀ POUR ÊTRE ICI »

DICTIONNAIRE ABSURDE DU RUGBY

ÉDITIONS
PROLONGATIONS

SERGE SIMON

S'il fallait définir les pages qui vont suivre
Sans faire résonner les orgues et les cuivres
Pour un auteur costaud mais aussi très modeste,
Nous dirions simplement qu'elles vous offrent The Best.

The Best après la bête, car le petit Simon
Une fois devenu grand sut manier le bâton.
Pilier indestructible de la mêlée de Bègles,
Fameuse tortue bâtie sur un premier rang d'aigles,
Il gravit des montagnes, de France devint champion (1)
Puis usa ses crampons jusqu'à la sélection (2)

Il fit tout, il vit tout, observa, écouta,
Consola, releva et au besoin frappa,
Percuta tant de chair, distribua les maux
Acheva ses victimes d'une bordée de mots.
Venant d'un médecin (3), ces soins et ordonnances
Étaient mieux tolérés, quoique faibles en nuances.

Devenu par la suite un fameux Président (4)
Pas de la République, mais il y songe souvent,
Il gravit une marche et se fit journaliste (5).
Désormais le voilà pur encyclopédiste.
Son bel abécédaire sans rimes ni raison,
Qui mêle la poésie et les termes cochons,
S'il vole bien souvent très bas, sous la ceinture,
Est une preuve d'amour et de grande culture.

Dans ces phrases s'ouvrant à toutes les folies
Passant, écoute battre le cœur de l'Ovalie.
Et si tu ne ris pas, écris à l'éditeur.
Il saura dans ce cas te rembourser sur l'heure (6).

GÉRARD EJNÈS

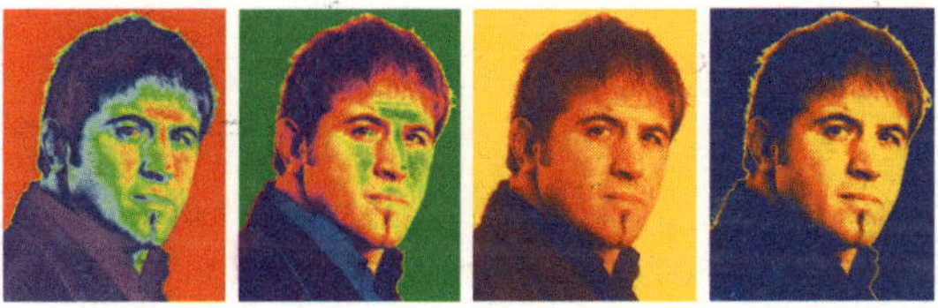

(1) Serge Simon a été champion de France avec Bègles-Bordeaux, en 1991, et avec le Stade Français en 1998.
(2) Il a joué en équipe de France à deux reprises.
(3) Il est diplômé de la faculté de médecine de Bordeaux.
(4) Il fut président de PROVALE, le syndicat des joueurs de rugby professionnels français jusqu'en octobre 2006.
(5) Il collabore régulièrement aux magazines *Attitude Rugby* et *Rugby*.
(6) C'est une blague.

Adjoint aux sports

Adjoint aux sports (bis*)

Africain du Sud

All Black

Anglais

Arbitre

Arrêt de volée

Arrière

a
a

Adjoint aux sports :

[A-2-joîîn–os-por] *n.comp.m.*

Mec super sympa qui a bien réussi sa reconversion et qui rend des tas de services au club

Syn. : *bon mec, mec qui a des valeurs, bon drôle.*

Ex. : *L'adjoint au sport était très rugby. C'était vraiment un bon mec. Le moins que l'on puisse dire c'est qu'il s'occupait bien du club.*

Adjoint aux sports (bis*) :

[A-2-joïïn–os-por] *n.c.m.*

Intermittent du spectacle
engagé pour venir au stade
et aux réceptions quand
le maire est occupé.

Syn. : *bon à rien, petite bite, pine d'huître, raté, clown, comique, chien de mer.*

Ex. : *Dès qu'on voyait l'adjoint aux sports se pointer au stade, on avait compris : l'année prochaine, la subvention allait en prendre un coup. Depuis des années, c'était réglé comme du papier à musique : à chaque fois que le maire voulait faire passer la mauvaise nouvelle, il envoyait cette pine d'huître d'adjoint aux sports en éclaireur. En fait, il s'en servait un peu comme la fumée blanche du Vatican : c'était le signal que la maladie était sur les poules.*

*ce mot a deux définitions.
L'une des deux correspond à un adjoint aux sports de gauche,
l'autre à un adjoint aux sports de droite.

Africain du Sud :

[A-phry-K1-du-su-d'] *n.c.m..*

Joueur de rugby exemplaire portant haut et fort les valeurs du pays qui a su abolir l'ignoble Apartheid.

Syn. : *les bouchers du Cap.*

Ex. : *Comme à l'accoutumée, le match contre l'Afrique du Sud s'est plutôt bien passé. Score final : une oreille bouffée dans chaque camp. On a passé une super soirée.*

All Black :

[O-l-b'la-que] *n.p.*

Joueur mythique de l'équipe nationale de Nouvelle-Zélande qui sait tout faire avec son corps.

Syn. : *les Blacks, les Tout-Noirs, les Néo-Z, demi-dieux.*

Ex. : *Fernande ne touchait plus terre. Pour la première fois de sa carrière, elle avait failli accrocher un All Black à son palmarès. C'était lors d'un test d'automne.*
Elle était montée avec papa à Paris. Après le match, un type l'avait ramassée vers 6 heures au « One-two-two ». Papa ronflait à l'hôtel depuis belle lurette et Fernande, comme à l'accoutumée, attendait au coin du bar de se faire prendre dans les filets. Elle était prête à renoncer quand il l'aborda.
Il était plein et mutique. Fernande avait l'habitude. Le temps passant, elle savait que, loin de ses bases,

elle n'attirait plus que les collectionneurs ou les fatigués.
Ce n'est qu'arrivée au Grand Hôtel qu'elle comprit le quiproquo.
Elle, la petite boulotte qui faisait les sandwiches de l'équipe cadets de Saint-Tournon et un All Black.
Un All Black dont le fameux maillot à la fougère dépassait nonchalamment du sac Adidas. Son sang finit de se figer quand elle lut sur son passeport New Zealand. Elle se rendit compte un moment plus tard que le sieur Tueman ronflait comme un diesel. Elle le déshabilla, le coucha et s'assit en face de lui pour le regarder dormir. Cela ne dura qu'une heure, mais ce fut la plus belle heure de sa vie.
Le jour embrasait Paris quand elle repartit vers l'hôtel. Des larmes au bord des yeux, elle pensait à son demi-dieu assoupi.

Anglais :

[en-gueu-lé] *n.c.m.*

Peuple visionnaire qui un jour eut le génie d'inventer le rugby et la grandeur d'âme de l'offrir au reste de la planète.
À ce titre, le monde entier lui est éternellement reconnaissant.

Syn. : *rosbeef.*

Ex. : « *Les Anglais,*
faut les crever ! » *

*Anonyme et universel

Arbitre :

[A-re-bî-tre] *n.c.m.*

Grand prêtre de la Règle. Représentant de l'autorité fédérale. Respecté par tous, joueurs, spectateurs, commentateurs, journalistes, sponsors et dirigeants.

Syn. : *enculé, pédé, enfoiré, voleur, vendu.*

Ex. : « *Boudu con ! Quel enculé ç't'enculé !* » *

* Proverbe toulousain anonyme, 1578.

Arrêt de volée :

***[a-rê 2 vo-lé]** n.comp.m.*

Geste technique consistant à réceptionner un coup de pied sans le faire tomber et en criant « Marque ! ». Si le ballon est bien tenu et si le réceptionneur est dans ses 22 mètres, l'arbitre doit siffler dans l'instant, le jeu s'arrête et il obtient un coup franc. *Remarque :* ne pas oublier une des trois conditions.

Syn. : *marque.*

Ex. : *Une de nos spécialités était une combinaison judicieusement et finement nommée « la chandelle portugaise ».*
Le principe était simple : une bonne vieille chandelle sur l'arrière planqué dans ses 22 et qui, sûr de soi, s'élançait fier comme un bar-tabac en hurlant « marque ! ».
L'arbitre sifflait dans l'instant, mais deux ou trois secondes après,

*le gros Dédé arrivait en ahanant
et débroussaillait le novice en toute
illégalité. L'arbitre saisissait
immédiatement son carton rouge pour
foutre dehors notre Dédé qui faisait
mine de ne pas comprendre. Alors,
notre entraîneur entrait
en scène et expliquait à l'homme en
noir que Dédé avait les portugaises
ensablées de naissance et qu'il n'avait
pas dû entendre le coup de sifflet.
Certificat médical à l'appui bien sûr.
L'arbitre sentant l'embrouille,
mais ne voulant pas passer pour un
mauvais gars, rangeait son carton,
mais demandait au coach
de remplacer Dédé. Bien sûr tout était
prévu et on te faisait entrer Marcel
le titulaire. En attendant,
le sort du 15 adverse était réglé.*

Arrière :

[ar-yair] *n.c.m.*

Joueur pyromane et souffrant de graves troubles intestinaux à la vue des bougies.

Syn. : *le type au fond, le type derrière.*

Ex. : *L'arrière foutait le feu, mais se faisait dessus sur toutes les chandelles.*

Ballon

Bègles

Boîte à gifles (sortir ou ouvrir la)

Bordures (faire les)

Bouts carrés (les)

Buvette

Ballon :

[Bâ-lon] *n.m.*

Petit morceau de cuir que certains joueurs doivent éviter à tout prix.

Syn. : *la bechigue, la rogne, l'ovale, le cuir.*

Ex. : « … *Avant chaque match le rituel était immuable. Le coach allait voir les trois gros de la première ligne, leur tendait le ballon et leur disait ces mots avec douceur : « Roger, Néné et Lulu, touchez le ballon maintenant. Après, c'est fini. Interdiction absolue que j'en voie un ballon en main pendant le match. Si par le plus grand des hasards, un ballon vous arrive dessus, vous connaissez la consigne ? Et les trois gros reprenaient en chœur : «À plat ventre les mains sur la tête… comme en cas d'incendie !* »

Bègles :

[Bê-gue-leu] *n.p.*

Club dont les joueurs se sont rendus célèbres dans les années 1990 pour leur jeu vif et alerte.

Syn. : *la Tortue, les Damiers, les Rapetous.*

Ex. : *Un jour, Bernard Laporte, le capitaine des Béglais dit à ses gros : « Les gars, il reste 20 minutes à jouer et on mène d'un point. Alors on fait simple : prochaine touche, une énorme tortue jusqu'à ce toute la grande tribune s'endorme. »*

Boîte à gifles (sortir ou ouvrir la) **:**
[boa-ta ji-fle] *n.comp.f.*

Outil détenu par certains joueurs pour effectuer quelques réglages.

Syn. : *la manivelle (sortir), les outils (sortir).*

Ex. : *Les bons arbitres savent que la mêlée c'est comme un moteur. Si ça tourne pas rond (un pilier droit pas dans l'axe, un talonneur qui couine, un pilier gauche qui fuit), faut laisser les spécialistes ouvrir la boîte à gifles pour que ça ronronne à nouveau.*

Bordures (faire les) :
[Bô-re-du-re] *exp.*

Se planquer pour ne pas faire son boulot.

Syn. : *tricher, biseauter, se planquer.*

Ex. : *Le nouveau prétendait avoir joué pilar en Première Division pendant cinq ans. T'aurais vu sa tronche, on aurait dit une gravure de mode. Deux solutions, soit ce type nous prenait pour des cons, soit il avait fait les bordures pendant cinq ans et n'avait jamais foutu la tronche dans un regroupement. Dans les deux cas, ça sentait vraiment pas bon. En plus, sa gueule d'ange allait être un sac d'emmerdes avec nos gonzesses. Ni une ni deux, son cas fut réglé au premier entraînement : première mêlée, tout le monde par terre et à la machine à laver. Trois côtes en parasol, une clavicule en drapeau et un nez auquel on avait donné un peu de mouvement. On ne l'a plus jamais revu. Preuve qu'on avait raison de se méfier.*

Bouts carrés (les) :
[boû ka-ré] *n.comp.m.*

Chaussures de rugby dont on a déformé le bout, portées par les avants pour les empêcher de jouer au pied.

Syn. : *les godillots.*

Ex. : *L'abandon des bouts carrés fut une grande victoire pour l'émancipation et la liberté des avants.*

Buvette :

[bu-ve-t'] *n.c.f*

Cercle littéraire où se réunissent les intellectuels du club avant et après les matches.

Syn. : *la tireuse, le refuge, le couloir humanitaire, la zone de non-droit, l'espace Schengen.*

Ex. : *Mercredi, on a enterré Lulu qui était tombé au champ d'honneur. Après la qualification de dimanche, maman était venue le dévisser de la buvette à coups de clef à molette.*

Calendrier

Claquage

Coquille

Coup de pied à joueur au sol

Coup de pied à suivre

Coup de pied en touche

Calendrier :

[Kâ-lan-dri-yé] *n.c.m.*

L'une des dernières énigmes jamais résolues de la planète. Fondation de la mythologie rugbystique, elle se compare à celle du Minotaure dans la Grèce antique ou à celle du triangle des Bermudes.

Syn. : *quadrature du cercle, mystère de la création, chaînon manquant.*

Ex. : *Dédé avait troqué son short contre le blazer de la fédé pour une seule et bonne raison : résoudre l'énigme du calendrier.*
Depuis tout petit, il entendait les vieux lui parler de ce mystère et de son incroyable histoire. Il était comme fasciné et pensait être l'Élu. Plusieurs fois même, il avait fait un rêve où il se voyait, tel le protégé de Merlin l'Enchanteur extrayant Excalibur, être le seul capable d'arracher d'une très vieille et très

grosse armoire de la fédé un livre dont le titre, écrit en lettres d'or, était : « La solution pour le calendrier de rugby du Top 14 ».

Claquage :

[klâ-kâ-je] *n.c.m.*

Truc imparable pour éviter les matchs de merde.
Remarque : marche avec toutes sortes de matches, surtout ceux où il fait froid (le muscle est plus fragile au dessous de 10° Celsius) et même avec les entraînements.
Remarque (bis) : prévoir dans le protocole une absence de quinze jours, trois semaines, sinon ça peut éveiller les soupçons. Pour une absence plus courte, préférer l'élongation où la contracture, où huit jours suffisent, et trois ou quatre avec un entraîneur qui aurait la tête près du bonnet.
Remarque (ter) : les progrès de la médecine, et notamment de l'imagerie médicale, condamnent à moyen terme le claquage. L'échographie était suffisamment imprécise pour que ça passe, mais l'IRM est imparable. Par contre,

l'élongation et la contracture sont encore hors d'atteinte.

Syn. : *la pointe, la déchirure.*

Ex. : *Le gros Roger a parié un billet de 500 avec Dédé que le petit Lulu se claquerait le mercredi avant le match retour à Toulon. Au match aller, personne n'a compris ce qui lui est passé par la tête. Sur le coup d'envoi, alors qu'en dix ans jamais personne ne l'a vu monter sur un seul coup d'envoi (il s'arrête toujours devant la présidentielle, le col relevé en pistant si les gonzesses le regardent), le petit Lulu s'est jeté sur André Herrero… qui était à 5 mètres du ballon. Les gros ont dû tous changer leur course pour aller sauver le petit.*

Coqiulle :

[kô-ki-ye] *n.c.f.*

Slip en dur pour se protéger les noix.

Syn. : *le coffre*

Ex. : *Quand on joue là-bas, je mets la coquille parce qu'ils sont les spécialistes de la cueillette.*

Coup de pied à joueur au sol :

exp.

Geste technique qui consiste à mettre un énorme brossé dans une partie molle* d'un adversaire particulièrement désagréable et couché sur l'herbe.

* Ne jamais viser la tête, cela disqualifierait le geste et le rangerait au rang d'une violence dénuée de sens.

Syn. : *coup de tatane, coup de pompe, savate, pointu, brossé.*

Ex. : *Le 8 d'en face se jetait partout dans les regroupements depuis le début. Il continua malgré les sommations d'usage, menaces verbales, coup de tête, coup de poing puis fourchette. C'est alors qu'on briefa le vieux Bébert, une épée, qui lui retourna le derrière d'un superbe brossé du droit.*

Coup de pied à suivre

Coup de pied à joueur au sol en attente de réalisation.

Syn. : *taper à suivre.*

Ex. : *Le vieux Bébert* ne parvenait pas toujours à remplir sa mission tout de suite. On disait alors qu'il tapait à suivre.*

* cf. le vieux Bébert précédent.

Coup de pied en touche

Coup de pied à joueur au sol hors du terrain.

Syn. : *botter en touche.*

Ex. : *Parfois, le vieux Bébert* était obligé de traquer ses clients hors du terrain et de botter en touche.*

cf. le cf. du dessus !

Demi de mêlée

Demi d’ouverture

Déplacement

Descente

Deux-contre-un

Deuxième ligne

Diététicien

Dolpic

Dopage

d

Demi de mêlée :
[2-mi 2-mé-lé] *n.comp.m.*

Créature mi-homme, mi-chien dressée pour surveiller et ramener le troupeau des gros au vestiaire.

Syn. : *le petit, le nain, le 9.*

Ex. : *En rentrant au vestiaire, le gros Dédé était tellement content qu'il a assommé le nain d'un coup de tête affectueux.*

Demi d'ouverture :
[2-mi-douv-R-tur] *n.comp.m.*

Créature mi-homme, mi-footballeur, qui passe son temps à foutre ses pieds en travers pour bloquer le jeu.

Syn. : *ouvreur, le 10*

Ex. : *le demi d'ouverture avait deux mains gauches à la place du pied.*

Déplacement :

[dé-pla-ce-man] *n.c.m.*

Moment attendu par les joueurs de rugby pour s'enrichir culturellement à travers la découverte d'autres horizons.

Syn. : *le bus.*

Ex. : *Jeudi, avant d'aller à Rumilly, le groupe des jeunes est allé voir le coach et lui a demandé une faveur : ne plus laisser le gros Dédé s'occuper des films vidéo pour le bus. On était à peine en novembre, on avait déjà vu trois fois « Le Retour de l'inspecteur Harry », et on ne supportait plus les films de boules SM.*

Descente :

[dê-çen-t'] *n.c.f.*

Infamie sportive ou réglementaire qui projette un club d'une division supérieure vers une division inférieure.

Syn. : *plongée, naufrage, désastre, apocalypse, génocide.*

Ex. : *Simone devait se résigner. Elle devait quitter Roger. C'était un bon coup et sa femme était plutôt sympa, mais après la défaite à domicile de dimanche, la descente était inévitable. Simone avait toujours fait dans le haut niveau. À son heure de gloire, elle avait même décroché une ou deux capes...*

Deux-contre-un :

[2-kôn-tr'1] *n.comp.m.*

Situation de jeu diabolique qui peut entraîner de graves troubles neurologiques chez les avants.

Syn. : *immanquable.*

Ex. : *Le gros Dédé comprit au moment même où il leva le nez. Parti du regroupement devant la grande tribune et le banc des entraîneurs, parce que le nain lui gueulait dans les oreilles, il n'avait pas fait un pas que la sale vérité lui sautait aux yeux : il avait un magnifique deux-contre-un à jouer. Ce qui se passa après ne peut être compris que des gros et des psychiatres : il fit demi-tour, courut en sens inverse pour retourner dans le regroupement. Le toubib nous révéla après qu'il s'agissait d'une « régression délirante ».*

Deuxième ligne :

[2-zi-M lî-nje] *n.comp.m.*

Accessoire de la première ligne pour la mêlée.

Syn. : *deuxième latte, les tracteurs, les vérins, 4, 5.*

Ex. : *« Je suis plutôt content de mon deuxième ligne, il démarre au quart de tour. »*

Pilier anonyme, début du XIXe.

Diététicien :

[dié-té-ti-ci-un] *n.c.m.*

Hérétique.

Syn. : *suicidaire.*

Ex. : *Un jour, le coach amena un diététicien. Il nous expliqua que le repas d'avant match devait être « repensé ». On passa, non sans rechigner, du*

Carottes râpées,
Jambon blanc,
Steak purée ,
Camembert,
Mousse au chocolat,
Pinard,

Au

Blanc de volaille,
Pâtes à l'eau,
Carafe de flotte.

Les deux week-ends suivants, on prit deux énormes branlées. On n'a jamais osé demander ce qu'était devenu notre « repenseur de repas », mais on est revenus au steak purée fissa.

Dolpic :

[dôlp-hic] *n.p.*

Pommade révulsive, c'est-à-dire visant à repousser l'adversaire en transformant le joueur en écrevisse. À noter qu'il peut être mis au bout des doigts pour les amateurs de fourchette. Dans ce cas en prévoir une petite réserve dans la poche du short afin de ne pas en manquer au cours du match.

Syn. : *révulsif, Algipan.*

Ex. : *Dédé a déconné dimanche. Il s'était mis tellement de Dolpic que le coach a dû faire venir de la glace pilée de sa poissonnerie et le foutre dedans. Résultat des courses : Dédé était soulagé, mais dans les tribunes il y avait plus de chats que de spectateurs.*

Dopage :

[Dô-pa-je] *n.c.m.*

Encéphalite spongiforme bovine du sportif

Syn. : *fléau social, peste du sportif, cancer des stades, fin du monde.*

Ex. : *Robert en avait le cul troué. Le président l'avait convoqué dans son bureau pour lui annoncer la nouvelle. La Fédé était formelle : il était POSITIF ! Nom de dieu, le dopage, lui, Robert ! Une seule question le taraudait : fallait-il abattre le reste de l'équipe ?*

Écossais

Élastoplast

En-avant

Entraîneur

Éponge magique

Éteindre la lumière

e
e

Écossais :

[é-kô-çé] *n.p.*

Joueurs aérés et à carreaux qui ont toujours la cornemuse à l'air.

Syn. : *Les binious.*

Ex. : *les Écossais sont des rugbymen qui n'ont pas froid au nœud.*

Élastoplast :

[é-la-ç-to-pla-çe-te] *n.p*

Drogue dure faisant
des ravages chez les joueurs
de rugby du monde entier.

Syn. : *l'Élasto.*

Ex. : *Le gros René a touché le fond dimanche dernier. Le nouveau kiné avait oublié l'Élastoplast. Il était tellement accroc que sans un strapping d'avant match, il lui fut impossible de sortir du vestiaire. C'est moche de voir un pote tomber dans la came et de ne rien pouvoir faire.*

En-avant :

[An-â-ven] *n.c.m.*

Prétexte réglementaire et grotesque pour faire une mêlée fermée.

Syn. : *dégueulis.*

Ex. : *C'était contre ces abrutis de Tartorin-sur-Tille. On leur avait préparé une petite surprise sur la première mêlée, rapport au match aller où ils nous avaient très bien reçus. La politesse et les manières… on y tient chez nous. Le problème : ça faisait dix minutes que l'on jouait et toujours pas de mêlée. Ni une ni deux, le gros Dédé avisa Lulu avec ses deux mains gauches et lui envoya un obus qui finit logiquement en gros dégueulis. L'arbitre siffla de suite et, avant la fin du coup de sifflet, on était déjà en piste, bien serrés.*

Entraîneur :

[An-tré-ne-re] *n.c.m.*

Joueur raté qui se venge en faisant des discours d'avant match.

Syn. : *le coach, le patron, le boss, l'autre con.*

Ex. : *L'autre con a franchi le mur du son au dernier match. Juste avant d'entrer sur le terrain, il nous a dit de nous lever, de nous serrer et puis il a lâché sur l'air de la patrie en danger :*
« On n'est pas là pour être ici. »

Éponge magique :

[é-pon-jeu-ma-ji-ke] *n.comp.f.*

Objet sacré qui transforme n'importe quel carrossier en professeur émérite de médecine. *Remarque* : l'éponge magique se passe souvent de père en fils. *Remarque (bis) :* celui qui possède la dite éponge peut, au bout d'un certain temps, vraiment croire qu'il est professeur émérite...

Syn. : *l'éponge miracle.*

Ex. : *Cela faisait cinq minutes que Mimi hurlait comme un goret. René, le soigneur, avait beau lui vider le seau d'eau à coups d'éponge magique, rien n'y faisait. Malgré toute sa bonne volonté, Mimi ne pouvait pas bouger son épaule. L'arbitre, un gars de la ville, s'avança et avec naturel demanda à Mimi où il avait mal. Le gars était toubib. René se retourna et lui jeta un œil noir. En dix ans, René n'avait jamais eu un pépin. Pas un accroc, un parcours sans faute. C'était pas un pékin de la ville qui allait lui enlever ses galons. Bien sûr, René était carrossier pendant la semaine, mais il avait failli passer son brevet de secourisme. Ça compte. L'arbitre était nouveau dans le coin et ne réalisait pas les risques qu'il prenait. Roger, notre capitaine, n'eut même pas le temps de parer l'assaut. L'arbitre commençait à peine à se pencher quand il se retrouva assommé avec le joli seau en zinc. René justifia cela en invoquant un manquement au code de déontologie de la part de l'arbitre, qui, d'après, lui, aurait dû lui demander son avis avant d'examiner Mimi. Depuis ce jour, non sans une certaine tristesse mais conscient que René avait le pâté qui collait à la boîte, on lui retira l'éponge magique. Cinquante ans qu'elle était dans sa famille.*

Éteindre la lumière :

[é-tin-dre la lu-mi-R] *v.*

Coutume de bienvenue exécutée par l'équipe locale juste avant d'entrer sur le terrain. Dans le tunnel, il faut alors couper le courant. L'obscurité ainsi faite, les joueurs locaux peuvent démontrer toute leur affection sans gêner ou choquer la pudeur des visiteurs.

Syn. : *faire la nuit.*

Ex. : *Dimanche, on a frôlé la catastrophe. On a éteint la lumière pour ces abrutis de Fougnac-sur-Toune, et Dédé, par étourderie, a emmanché l'arbitre. Heureusement, c'était un ami du président. Trois caisses de Saint-Julien plus tard, on a pu jouer le match… sans Dédé bien sûr. Élégance oblige.*

Fédération

Feinte de passe

Ferrasse, Albert

Femme de joueur

Fourchette

Football

Footballeur

f
f

Fédération :

[Fé-dé-râ-cion] *n.c.f.*

Terre sainte du rugby
où les vieux dirigeants se retirent avant de mourir pour vivre une vie de cénobite ovale. Notez qu'ils sont obligés de porter des blazers bleu marine et des pantalons gris Armand Thierry en tergal pour les cérémonies.

Syn. : *Fédé.*

Ex. : *Les cuisses de Simone n'en croyaient pas leurs yeux. Raymond avait un sang de cheval, la cravate humide et l'écusson turgescent : il allait entrer à la Fédé.*

Feinte de passe :

[Phin-te-2-pa-çe] *exp.*

Comportement suicidaire de certains joueurs qui peut rendre addict.

Syn. : *le coup de l'élastique.*

Ex. : *Tout le stade retint son souffle sur un deux-contre-un décisif. Tout le monde connaissait Momo. Il aurait du mal à se retenir et à ne pas faire le coup de l'élastique. Mais il y avait deux problèmes. Primo, l'arrière d'en face, un chirurgien qui aimait autant la vue du sang en dehors que sur le terrain, et, deuzio, si le chirurgien ne le trépanait pas, Paulo, le coach, le finirait à la main.*

Ferrasse, Albert :

[al-ber fê-ra-ss] *n.p.*

Personnage de la mythologie rugbystique dont certains prétendent qu'il a vraiment existé et que l'on invoque quand il s'agit de faire peur aux enfants.

Syn. : *Bébert la godasse, tonton Ferrasse, tonton Albert, Albert 1er.*

Ex. : *Si tu continues à te laisser pousser les cheveux, on va le dire à tonton Ferrasse !*

Femme de joueur :

[fà-me de-jou-heur] *n.comp.f.*

Accessoire de cuisine.

Syn. : *maman, la casse-couille, la banquière, la vieille.*

Ex. : *Le vieux Dédé, qui avait plus de quinze ans de Nationale et qui nous parlait souvent de ses craintes pour l'avenir du rugby, était formel : 90 % des grandes équipes s'écroulaient à cause des femmes de joueurs et du bordel qu'elles mettaient dans les clubs. Histoire de fesses, jalousies en tout genre, coups de vice… Pour lui, la solution devait être radicale : la Fédé devait imposer pour l'obtention de la licence le vœu de célibat… comme pour les curetons.*

Fourchette :

[phoûr-shèt] *n.c.f.*

Ustensile de cuisine interne pour sortir le ballon de son regroupement.

Syn. : *(plat de) doigts dans les yeux.*

Ex. : *Cet enfoiré, à chaque fois que j'avais le ballon, se prenait pour Guy Degrenne et me filait un plat de doigts dans les yeux.*
Moi, j'ai trouvé que c'était pas correct ; je lui ai bouffé l'oreille.

Football :
[fou-tcheu-bôl] *n.c.m.*

Truc indéfinissable*.

Syn. : *foot.*

Ex. : « *De la bière et du foot* ». *Les Robins des Bois, Nulle part ailleurs, Canal +, Janvier 2002.*

*Aucune définition sérieuse n'est disponible à ce jour !

Footballeur :
[fou-tcheu-bôleur] *n.c.m.*

D'après les scientifiques, chaînon manquant entre le manchot et le flétan.

Syn. : *les manchots, les pingouins, les pleureuses.*

Ex. : *Un footballeur en appartement, c'est sympa, mais il faut le sortir tous les jours.*

Good game

Grand Béziers (le)

Gravelotte

Groupé pénétrant

Good game :

[gou-de-gueille-meu] *exp. ang.*

Le concept le plus humiliant qu'ait inventé l'Anglais pour te l'enfoncer un peu plus quand tu l'as déjà jusqu'à la garde. *Remarque :* un good game n'est réussi que si le ton est juste. Pour avoir une idée de ce ton indispensable au vrai good game, imaginez l'air que vous prendriez en annonçant à votre patron que vous êtes désolé, mais que vous avez gagné au loto et que vous allez être obligé de démissionner de sa boîte de merde pour aller vivre aux Seychelles.

Syn. : *pas de synonyme, mais on pourrait traduire cela par : « … Bien joué mais encore baisé », ou bien : « … Vous êtes pas mal, bientôt on va pouvoir faire un vrai match… »*

Ex. : *Dédé savait bien que le pire était*

à venir. Cela se passa vers le milieu du terrain. Le capitaine anglais s'approcha de lui, l'arcade éclatée par son coup de tronche. Il enleva son protège-dents pour bien articuler, tendit une main solide. Dès que Dédé sentit la poignée de main se refermer, il sut qu'il était pris au piège. L'Anglais se redressa, tira un peu sur la poignée de main pour lui montrer qu'il le tenait à sa merci. Il prit son temps et se lança : « Good game... very good game. » Dédé avait pris trente points à la maison...

Grand Béziers (le) :

[Gr-en-bé-zi-é] *n.comp.m*

Équipe de joyeux lurons évoluant à Béziers dans les années 1970-80 ayant pratiqué un rugby de rencontre, de dialogue et plein d'humour.

Syn. : *les gynécologues, les embaumeurs, les empailleurs, les sulfateurs, les nettoyeurs.*

Ex. : *Estève, Palmié, Vaquerin étaient vraiment des joueurs très drôles.*

Gravelotte :

[grâ-veu-lotte] *n.p.*

Région du Sud-Ouest où pleuvent les marrons et les châtaignes et où ça fait marrer les gens. Noter que le nom vient de l'expression anglaise to grave a lot, qui signifie : il pleut beaucoup et ça fait mal à la tête.

Syn. : *là où ça tombe épais, où ça tombe gras, où ça dézingue.*

Ex. : *Chez eux, ça pleuvait comme à Gravelotte. Ils savaient s'amuser.*

Groupé pénétrant :

[grou-pépé-né-tr'en] *n.comp.m.*

Manière collective de prendre du plaisir pour les avants.

Syn. : *la tortue, la tortoche, le ballon porté, la cocotte, la maison.*

Ex. : *L'adjoint aux sports ne comprenait rien au rugby. Pourtant cela faisait longtemps que sa femme prenait des cours particuliers avec toute la première ligne (sauf les remplaçants), qui lui expliquait dans tous les sens le groupé pénétrant dans l'axe profond.*

Introduction

Irlandais

Italiens

Introduction :

[1-trô-du-xion] *n.c.f.*

Moment où le numéro 9
met le ballon bien au milieu
de la mêlée pour que
son talonneur le talonne...
Toute la difficulté est pour
le talonneur adverse.
Il ne doit en aucun cas tenter
de le talonner.
Il doit se retenir coûte que coûte.
Mais parfois, c'est tellement
difficile qu'il talonne... et là tout
le monde est embêté.
Introduction adverse : moment
particulièrement redouté
des talonneurs, où ils doivent faire
preuve d'une très grande maîtrise
de soi et rester le plus immobile
possible au risque de gâcher la fête.
Introduction pas droite,
introduction dans
les pieds du talonneur :
introduction pleine de sollicitude
de la part du numéro 9 envers
le talonneur adverse qui a pour
but de diminuer la tentation au

maximum en masquant l'objet
du désir et qui consiste à mettre
le ballon le plus loin possible
de ses pieds et de ses yeux.
En sachant que, souvent,
les talonneurs ont, en mêlée et
parfois dans la vie, les yeux très
près des pieds.

Syn. : *néant.*

Ex. : *Tout se passait bien jusque-là. C'était peut-être la 15e mêlée et pas une anicroche. Une mêlée sur les « quarante », une mêlée sans importance, une mêlée de tous les jours. Bref, personne ne sait pourquoi, Vincent, en voyant le ballon entrer sur l'introduction adverse, ne fit ni une, ni deux et envoya le pied.*
Résultat des courses : le tarbouif retourné comme un gant, un dodo de cinq minutes, une générale comme on n'en avait plus vu depuis belle lurette et match arrêté !
Tard dans la soirée, je lui posai la question : « Mais qu'est-ce qui

t'a pris ? « Vincent baissa les yeux
et d'une voix inquiète me dit :
« Je sais pas…
Je sais vraiment pas. Je voulais pas
talonner, je te le jure…
Tu vois, je crois que c'est la fin…
Je me contrôle plus. »

Irlandais :
[hi-rre-len-dê] *n.c.m.*

Joueur tannique, à l'attaque assez rugueuse, mais globalement un peu vert.

Syn. : *les rouquins.*

Ex. : *Les Irlandais sont les seuls joueurs au monde à donner l'impression de jouer toujours contre le vent.*

Italiens :
[I-ta-ly-yin] *n.c.p.*

Preuve par 15 que les Anglais ne sont plus ce qu'ils étaient.

Syn. : *Ritals.*

Ex. : *La chute de l'Empire britannique a commencé par l'indépendance de l'Inde et s'est terminée par l'entrée de l'Italie dans le Tournoi des Six Nations.*

Joueur dur

Joueur violent

Journaliste sportif

Journaliste sportif de télévision

Joueur dur :

[jou-heu-R'dû-R] *n.comp.m.*

Joueur de l'équipe locale dépassant parfois les limites de l'acceptable.

Syn. : *papa, brave, héros.*

Ex. : *Dédé* était un joueur dur, un papa. De nombreuses fois il a fait ce qu'il fallait pour les faire échapper.*

Joueur violent :

[jou-heu-R'vi-ô-lan] *n.c.m.*

Joueur de l'équipe adverse dépassant parfois les limites de l'acceptable.

Syn. : *salopard, psychopathe, énergumène, serial killer.*

Ex. : *Dédé* était un joueur violent, un drôle de salopard. De nombreuses fois, il a fait ce qu'il fallait pour nous faire échapper.*

* Marche aussi avec Raymond, René ou Marcel.

Journaliste sportif :

***[Jou-r'na-ly-ss-teu-ss-por-ty-f'*]** *n.comp.m.*

Bel exemple d'une blague de potache qui a mal tourné. Quelques amis avaient décidé de suivre l'équipe de France. Pour financer le voyage, ils se proposèrent d'écrire quelques comptes rendus de matches pour le journal du pays. Ils ne pouvaient pas imaginer qu'un esprit pervers allait décider d'en faire un métier. Depuis, des milliers de types se font payer leur voyage de la sorte, sans que personne ne puisse faire quelque chose.

Remarque : Antoine Blondin fut un modèle pour les journalistes sportifs. Or il picolait sec. Du coup, un paquet de journalistes se sont mis à la picole croyant que le talent se trouvait au fond des bouteilles. Par effet boomerang, un paquet d'alcoolos s'est lancé dans le journalisme sportif pour voyager gratos.

Syn. : *Pisse-copie, feignasse, journaleux, scribouillard.*

Ex. : *Si tu continues à rien branler à l'école et à boire du Champomy, tu finiras journaliste sportif !*

Journaliste sportif de télévision :

[...2-té-lè-Vi-zion]

Journaliste sportif qui ne sait pas écrire.

Syn. : speakerine.

Ex. : Le vieux Marcel faisait la gueule à tout le monde depuis plus d'un mois. On ne sut la raison que bien plus tard en regardant Stade 2. Son dernier était devenu journaliste sportif à la télévision. Il avait déjà l'aîné aux impôts...

Liaison

Lifting

Liaison :

[lié-zon] *n.c.f.*

Nécessité charnelle entre deux rugbymen.

Syn. : *relation intime.*

Ex. : *les deux deuxièmes lignes avaient une liaison si forte que rien ne pouvait les séparer.*

Lifting :

[li-phe-tiing] *n.c.ang.*

Technique de chirurgie esthétique pour rendre aux vieux sauteurs en touche leur allure d'antan. *Remarque :* la traduction française devrait être « faire l'ascenseur ». Or, faire l'ascenseur est totalement prohibé alors que le lifting est tout à fait autorisé. La proximité étymologique n'est pas fortuite tant les deux pratiques se ressemblent. On peut voir là le génie du législateur britannique (pour les optimistes) ou la démonstration de son esprit torve (pour les plus critiques), qui réussit à légaliser une chose qui ne l'est toujours pas, tout en laissant illégal quelque chose qui ne l'est maintenant plus. *Remarque (bis) :* les entraîneurs, qui ne sont pas des moitiés d'âne, ont très vite compris que celui qui sautait n'était plus forcément le plus grand, mais pouvait être celui qui était le plus facile à soulever. C'est ainsi que très rapidement l'on vit des touches contre nature où des joueurs de moins de 1,70 m s'élevaient au-dessus de grandasses dépressives.

Syn. : *néant.*

Ex. : *En soixante ans, Monsieur Jean, ancien deuxième ligne du club, n'avait jamais manqué un match de l'équipe fanion. Pourtant, un jour, au milieu d'un match anodin, il quitta le stade et n'y remit plus jamais les pieds. Personne ne savait pourquoi. Tous, au village, avaient tenté d'en connaître la raison afin de le convaincre de revenir. Même le maire s'était fendu d'une visite au bar de Monsieur Jean, tant l'affaire remplissait les bouches. Mais rien n'y fit. Monsieur Jean ne retourna jamais regarder un match. L'énigme trouva son issue le jour de son enterrement. Le village découvrit stupéfait l'épitaphe : « Pas malheureux de quitter un*

*monde où les demis de mêlée sautent
en touche. »
À y repenser, c'est vrai que
Monsieur Jean avait connu le foutoir
des années cinquante où une touche
ressemblait à un banc de sardines
poursuivi par une bonite. Or, le jour
du match fatidique, l'entraîneur,
qui avait lu un truc sur « le lifting »,
avait mis le petit Nini, demi de mêlée
de son état, en premier sauteur...
Le progrès ne peut pas tout
se permettre.*

Maire

Manchette

Marron

Mêlée fermée

Mêlée ouverte

Mettre à l'aile

Mi-temps

Montantes (les)

m

Maire :

[mé-reu] *n.c.m.*

Type qu'on voit avant
les élections et après les finales
gagnées.

Syn. : *l'élu, la banderole, celui qui fait sauter les PV.*

Ex. : *Le gros Dédé était désolé. Dans l'euphorie de la victoire il s'était amusé à son grand truc : foutre sa grande bite dans la poche d'un journaliste qui lui posait des questions connes et pisser dedans tout en continuant de parler. Manque de bol, le type n'était pas journaliste… c'était le maire. À la décharge de Dédé, c'était la première fois qu'il montrait sa trogne et les questions étaient vraiment connes !*

Manchette :

[Men-shè-te] *n.c.f.*

Façon de plaquer qui peut interrompre une partie.

Syn. : *sens interdit, stop, le coup de la corde à linge.*

Ex. : *Ça n'a pas loupé, la troisième fois qu'il lui a pris l'intérieur, Dédé lui a fait le coup de la corde à linge. Le type s'est enroulé dessus comme une serviette du Campanile. Cela a déclenché une générale à l'ancienne et, comme l'arbitre a perdu son sang-froid, le match a été arrêté.*

Marron :

[mâ-rhon] *n.c.m.*

Fruit de la passion offert en guise de bienvenue par ceux qui savent recevoir.

Syn. : *poire, mornifle, pigne, châtaigne.*

Ex. : *À chaque fois que je jouais contre lui, fallait que je m'attende à une distribution de marrons. Ce qu'il ne savait pas, c'est que je bousculais sa dinde.*

Mêlée fermée :

[Mé-léf-Rmé] *n.comp.f.*

Réunion très privée réservée aux avants des deux équipes où ils aiment à se retrouver pour échanger sur différents sujets : artistique, politique, gastronomique, rarement sportifs, jamais privés. Toutefois, il arrive que des circonstances exceptionnelles autorisent l'abord de questions personnelles.

Syn. : *mêloche.*

Ex. : *Roger est sorti du match blanc comme un linge. Il l'avait eu très difficile en mêloche avec le petit droitier d'en face. Ce type ressemblait à une Twingo : un cube avec deux petits yeux tout en bas. Imprenable ! Mais ce qui l'avait le plus touché, c'était qu'il avait essayé tout le match de le faire disjoncter en lui parlant du pays et en lui faisant son arbre généalogique supposé : l'autre n'avait*

pas bronché une oreille. Roger pensait que son heure était venue, que la professionnalisation, chose dont il entendait parler depuis des mois et qu'il redoutait comme le mildiou, était arrivée et que son savoir-faire, son sens du dialogue ne seraient plus adaptés aux nouvelles méthodes. Il a tellement ruminé qu'il a fait une déprime et qu'il a arrêté...
Ce qu'il ne savait pas, c'est que le pilar qui l'avait remué et surtout qui n'avait pas bronché, était sourd. C'est moche, une carrière brisée sur un malentendu.

Mêlée ouverte :

[Mé-lé-ouv-Rte] *n.comp.f.*

Succédané de la mêlée fermée. Devant le privilège incroyable que représente l'accès à la mêlée fermée et la jalousie que cela entraîne auprès des arrières, le législateur, pour préserver l'ordre public, a consenti à autoriser des mêlées dont l'accès n'est plus réservé aux seuls avants.

Syn. : *regroupement, tas, maul, piscine, pistoche, empilement.*

Ex. : *Cela faisait une heure que le petit Mimi se les gelait sur son aile. Pas une balle, pas un plaquage, pas un marron et, pour finir, la seule gonzesse présente le long de la main courante ressemblait à s'y méprendre à Chilcott, ce pilier anglais dont on avait du mal à distinguer le haut du bas. D'un coup, d'un seul, Mimi piqua un sprint en travers et se jeta dans le premier regroupement*

qui se présentait sur son chemin.
Il fit une magnifique bombe comme
à la piscine municipale.
S'ensuivirent des échanges nourris
avec les joueurs déjà présents
à l'endroit par lequel Mimi était entré
dans le regroupement. Mimi sortit
du terrain avec le pif cassé
et un carton rouge.
En entrant dans le vestiaire,
il ruminait, il pensait à sa mère
et se dit qu'elle avait raison quand elle
disait de lui : « Mimi, c'est un bon
petit gars, mais faut pas qu'il
s'ennuie, ça le rend colère... »

Mettre à l'aile :

[mê-tra-lel] *v.*

Façon d'accueillir avec bienveillance, mais non sans malice, les nouveaux venus dans le rugby.

Syn. : *ailier.*

Ex. : *T'as jamais joué ? Mets-toi à l'aile !... Et t'inquiète pas, tout va bien se passer.*

Mi-temps :

[mi-tan] *n.c.f.*

Le principe de la mi-temps est né quelque part sur un Big Side britannique et victorien. Alors que deux équipes s'affrontaient dans une partie de football, un vent violent soufflait dans le dos de l'une d'entre elles. Le capitaine de cette équipe, irradiant de fair-play, héla son homologue et lui tint à peu près ce discours : « Mon ami, le vent nous avantage considérablement. Par souci d'équité, je vous propose de changer de côté afin que vous soyez à votre tour dans ces circonstances favorables. » Lors, les deux équipes changèrent de côté et l'habitude fut prise, ici comme ailleurs, de changer de camp au milieu des parties. La mi-temps était née.

Syn. : *le temps des citrons.*

Ex. : *Imaginons un seul instant*

la scène de la naissance de la mi-temps
sur un terrain français
potentiellement venté…
dans le Sud-Est par exemple.
Le capitaine de l'équipe avantagée,
irradiant de valeurs ancestrales,
hélerait son homologue et lui tiendrait
ce discours :
« Dis donc, mes couilles ! Ça fait une
plombe qu'on joue avec un mistral
de branque en plein tarbouif, alors
je te propose la chose suivante :
on change de côté fissa ou on vous
satellise à grands coups de pompes
dans la bouche. »
… Lors, les deux équipes
changèrent de côté et l'habitude fut
prise, ici comme ailleurs, de changer
de camp au milieu des parties.
La mi-temps était née.

Montantes (les) :

[Mon-ten-te] *n.c.f.*

Chaussures de rugby portées dans l'ancien temps par les seuls avants. Montant au-dessus de la cheville, d'où leur nom, elles étaient particulièrement inconfortables. L'avant, en les supportant tout le match, démontrait sa bravoure.

Syn. : *les sabots, les chaussures de ski.*

Ex. : *Pour un avant de rugby en âge de procréer, les montantes signent le passage à l'âge adulte.*

Passe croisée

Passe sautée

Petit côté

Phases finales (les)

Pilier

Pilier gauche

Pilier droit

Pousser en travers

Première ligne

Préparation d'avant match

Président de club

Président de la République

Prof de gym

Protège-dents

p
P

Passe croisée :

[pa-ss'kroi-zé] *n.comp.f*

Sorte de passe dont l'auteur, très croyant, veut se rendre en Terre sainte.

Syn. : *croisée.*

Ex. : *Cette fois-ci, c'était décidé, sur la prochaine attaque, Lulu allait croiser. C'était la première fois et ce serait devant la grande tribune où sa femme et ses parents étaient assis. Le ballon arriva, Lulu obliqua sa course comme il l'avait lu dans les manuels. Les deux défenseurs semblaient tomber dans le piège en le suivant vers la touche. Quand Lulu estima que le trou était fait, il se retourna. Lentement, très lentement, pour profiter. L'extase ne dura qu'une ou deux secondes. Avant que les deux défenseurs ne lui tombent dessus comme les sauterelles, Lulu eut le temps de réaliser qu'il n'y avait personne pour venir croiser, il était le dernier attaquant !*

Passe sautée :

[Pass-ço-té] *n.comp.f.*

Figure plus ou moins complexe, mais toujours très méprisante, où un joueur ignore un autre joueur pour des raisons personnelles.

Syn. : *la sautée, sauter un joueur.*

Ex. : *Sur toutes les attaques, Momo sautait Lulu, car la veille au soir Momo avait appris que tous les mercredi Lulu sautait sa femme.*

Petit côté :

[peu-ty ko-té] *n.comp.m*

La plus étroite des deux ouvertures.

Syn. : *côté fermé.*

Ex. : *Lulu, notre demi de mêlée adorait le petit côté. Sa femme aussi.*

Phases finales (les) **:**

[fa-ze phi-nal] *n.comp.f.*

Matches les plus intéressants de la saison, se jouant sous un grand ciel bleu, dans des stades pleins et pour lesquels il y a des primes importantes. Les entraîneurs sont alors confrontés à des choix cornéliens où ils doivent être durs mais justes.

Syn. : *huitième, quart, demie, finale.*

Ex. : *Sur la fin, Armand passait tout l'hiver au chaud sous ses tropiques. Arrivées les jonquilles, il téléphonait au coach pour prendre des nouvelles et s'assurer que l'équipe allait se qualifier. Puis, deux ou trois matches avant la fin des poules, il débarquait en short à fleurs. Deux footings, une clef de bras plus tard, et le pauvre remplaçant qui s'était enfoncé le match à Grenoble en plein mois de décembre, le déplacement à Clermont avec huit*

heures de bus, le terrain gelé
de Tulle en janvier et les Polonais
du Creusot en février, savait qu'il
verrait les phases finales des tribunes.
Armand, qui avait des lettres,
lui disait « Dura lex, sed ta place. »

Pilier :

[pî-lié] *n.c.m..*

Homme trapu pouvant soutenir indifféremment une mêlée ou un bar.

Syn. : *pilar, la pile.*

Ex. : *Le pilier boit et la mêlée passe.*

Pilier gauche :

[pî-lié gô-ch'] *n.comp.m.*

Pilier le plus adroit de la mêlée.

Syn. : *le gaucher, le 1.*

Ex. : *« Être à gauche, c'est l'engagement de toute une vie. » Pilier anonyme, La Courneuve, Fête de l'Huma, septembre 1998.*

Pilier droit :

[pî-lié droâ] *n.comp.m.*

Pilier de travers et plutôt gauche.

Syn. : *le droitier, le coin, le 3.*

Ex. : *Un des plus grands paradoxes sémantiques du rugby reste que les meilleurs piliers droits sont ceux qui sont toujours de travers.*

Pousser en travers :

[Pou-cé-ân-tr'av-R] v.

Manière de pousser du pilier droit tendant à démontrer de façon claire toute l'affection qu'il porte au talonneur adverse. Grâce à une position qui se transmet de père en fils, le pilier droit peut écarter le pilier gauche adverse et venir embrasser le talonneur. À noter que, parfois, par jalousie, le seconde ligne du talonneur ainsi fêté peut avoir un saut d'humeur et relever la mêlée. À noter également que, contrairement à ce que prétendent quelques arbitres n'ayant pas peur du ridicule, pousser en travers n'est réservé qu'au pilier droit. Cette exclusivité est liée à une morphologie spécifique.
Les principales qualités requises sont, d'une part, d'être court sur pattes afin de tenir presque debout dans les mêlées, d'autre part, de ne pas avoir de cou mais surtout de ne pas avoir d'épaules,

ce qui se dit dans le milieu : avoir des épaules de serpent. Au final et à l'identique du genre humain, les piliers droits spécialistes de cet exercice et donc les plus affectueux ont les physiques les plus improbables !

Syn. : *pousser en traviole.*

Ex. : *Débutant dans le métier, j'avais pris l'habitude de demander à Vincent le CV du droitier que j'allais jouer. Ce jour-là, Vincent prit un air fuyant et me fit promettre de le laisser dormir quoi qu'il se passa. Vincent connaissait bien les limites techniques et physiques qui me conduisaient à régler les quiproquos de manière parfois malséantes. J'insistai peu, tant ma position de béotien m'imposait la retenue. Cependant, dès la première mêlée, ledit pilier droit, un Polonais à moustache sorti des mines pour la circonstance, fit sauter Vincent comme un bouchon. Quant à moi, je n'avais plus qu'à prendre*

des photos de la grande tribune.
Une fois Vincent redescendu
sur terre, je lui lançai un regard
interrogatif mais respectueux.
Il restait sur ses positions,
m'imposant un recul par rapport au
moustachu. Au bout de vingt minutes
et alors que je n'y croyais plus, je pus
sortir de ma réserve. C'était à
la cinquième mêlée. Vincent prit
le droitier dans le sternum comme
à l'accoutumée, mais un léger
couinement m'alerta. Cette fois-ci,
ce n'était pas pareil. Curieux
de nature et de facto écarté des
débats, je relevai la tête rapidement
pour ne rien perdre des déroulements
potentiels de notre affaire. Cela ne
tarda pas. Vincent n'attendit pas
de reposer les pieds sur terre pour
se jeter sur mon droitier avec fougue.
J'interprétai cela comme un contre-
ordre et me jetai sur la bête tout
en respectant la hiérarchie.
Les meilleurs morceaux revenaient
à Vincent. Ce fut plié en une minute.
Moustache sortit sur civière
et l'entraîneur adverse ne put que

nous envoyer un junior sortant du four. Une vraie friandise.

Première ligne :

[pre-mi-R lî-nje] *n.comp.f.*

Troupe d'élite envoyée sur le front pour que les femmes et les enfants restés derrière continuent à jouer à la balle.

Syn. : *jouer en tronche, être aux fauteuils d'orchestre.*

Ex. : *J'ai pas pu entrer dans les premières lignes, alors j'ai fait l'ENA.*

Préparation d'avant match :

[pré-pa-ra-çion-da-ven-ma-tsh'] *n.comp.f.*

Moment de détente, très attendu des joueurs, où le coach étale ses talents comiques.

Syn. : *la motivation.*

Ex. : *Le coach était très en forme. Il commença par un « faut pas avoir peur, ils sont comme nous, ils ont 15 bras, 15 jambes... ». Sans laisser tomber la pression, il enchaîna : « Toi, Lulu, tu t'isoles trop tout seul, isole-toi à plusieurs !... » Et sûr de son effet, il conclut : « Toi, Dédé, ne me déçois pas. Je t'ai mis le pied à l'encrier !... » On s'est levés et on lui a fait une standing ovation.*

Président de club :

[pré-zi-dân 2 kleu-b] *n.comp.m.*

Commerçant qui a été refusé au Rotary.

Syn. : *celui qui met les ronds.*

Ex. : *Le président ne comprenait rien à rien, mais sa femme elle en connaissait un bout… et pas toujours le même.*

Président de la République :

[prê-zi-dân 2 la ré-pu-bli-ke] *n.comp.m.*

Poste honorifique de la Fédération française de rugby sans aucune fonction politique. Il est responsable de la remise du bouclier de Brennus au vainqueur du Championnat de France.

Syn. : le Président.

Ex. : *Le président de la République ne sert pas à grand-chose, mais c'est notre façon à nous de récompenser les vieux.*

Prof de gym :

[Pro-ff-2-Jim] *n.comp.m.*

Énarque du survêtement.

Syn. : *intello, jus de cerveau, survêt.*

Ex. : *1985 fut sans conteste la plus mauvaise année pour le club. L'entraîneur était un prof de gym. Un calvaire. Il avait la sale habitude de faire des phrases pour tout. Un jour, pendant une séance de « tableau noir », il avait engueulé Roger endormi au milieu d'une théorie qui n'en finissait plus. Roger avait sursauté, s'était levé sans mot dire et lui avait fait bouffer l'éponge. On a dû hospitaliser le pauvre bougre pour le déboucher. Remarquez, c'est ce qui nous a sauvés de la descente.*

Protège-dents :

[prô-thê-je-dan] *n.comp.m.*

Accessoire utilisé par certains entraîneurs pour mettre de l'ordre sur le terrain.

Syn. : *pare-choc.*

Ex. : *Le coach avait tout essayé. Tous les dimanches, c'était le marché aux poissons. Tout le monde l'ouvrait. Résultat des courses, une moyenne de 12 points de pénalité chaque dimanche et un ou deux cartons jaunes pour un gros qui, n'en pouvant plus, finissait par assommer le premier adversaire qui passait dans son champ de vision. C'est alors qu'il eut une idée géniale : imposer le protège-dents. Bien sûr, ce ne fut pas simple. Mais le bougre avait de l'astuce et de la méthode. Il lui suffit d'annoncer, en cheville avec le président, que ceux qui ne porteraient pas l'accessoire buccal n'auraient pas de primes... À partir de ce jour-là, les matches ressemblèrent à des films muets.*

Mais, bien sûr, il y avait un mais…
Si l'on ne prenait plus 12 points
dans la musette, on en prenait
le double parce que les gars
ne comprenaient plus les annonces.
Et si les matches ressemblaient bien
à des films muets, c'était plutôt
le genre Laurel et Hardy, où une fois
sur deux les types se télescopaient
joyeusement.

Racing Club de France

Relever une mêlée

Remplaçant

Rucking

Se faire prendre

Racing Club de France :

[Râ-ssi-in-gue kleu-b de fren-ss] *n.p.*

Club de joueurs qui se sont rendus célèbres à la fin des années 1980 en commercialisant une marque de vêtements dont le logo est un nœud rose.

Syn. : *le show-biz, leur majesté.*

Ex. : *Finalement, ces gars du Racing, on les a beaucoup critiqués, mais ils n'ont fait que réaliser le rêve de la plupart d'entre nous : ramasser le pactole avec son nœud.*
Qu'on le veuille ou non, c'était pas des glands !

Relever une mêlée :

[re-le-V-u-ne-mé-lé] *v.*

Pratique visant à rendre une mêlée plus piquante, plus savoureuse. Pour cela, on y ajoute quelques ingrédients comme les châtaignes, les marrons, les pignes ou les poires. Noter que plus la quantité d'ingrédients est grande, plus la mêlée est relevée et savoureuse. Ceci dit, comme dans la cuisine classique, tout est affaire de goût et d'éducation. Ainsi, des avants peu habitués à ces saveurs, ou particulièrement sensibles, pourront ne pas apprécier pleinement.
Notez que les rugbymen zélotes ne reconnaissent qu'aux seuls deuxièmes lignes le droit de relever une mêlée et à nul autre joueur.

Syn. : *passer la main, passer le bras, envoyer une pizza, une pizza pour la deux, faire une distribution de doigts ou de phalanges.*

Ex. : *Dédé était un superbe deuxième ligne, vaillant, dévoué et courageux. Ses qualités athlétiques n'étaient plus à démontrer et, pour la mandoline, il était doté de deux enclumes en guise de mains, ce qui lui conférait un certain aplomb dans les discussions enlevées. Son seul problème était la parallaxe. Ainsi, un strabisme à peine perceptible entraînait une marge d'erreur infime lors du passage de bras en mêlée. Mais si l'erreur était infime, quand elle survenait et vu l'enthousiasme du garçon, les conséquences ne l'étaient pas. Surtout pour le petit Vincent, son talon, qui une fois sur trois prenait la poignée de phalanges dans la bouche et s'endormait paisiblement. Même si les stats n'étaient pas catastrophiques, après tout, 70 % de réussite dans d'autres sports, ça peut passer ; mais, là, le petit Vincent fatiguait des dents. Alors un soir, en prenant toutes les précautions nécessaires à pareille entreprise, et conscient du sacrifice que je lui demandais, je coinçai Dédé entre deux demis et lui faisait promettre de ranger ses enclumes en mêlée. Il se dressa, me regarda dans les yeux et je pus y lire une détresse infinie. Je faillis craquer, mais je tins bon. La seule chose que je lui abandonnai fut le déclenchement des générales sur les touches complètes. Figure technique qui me revenait de droit en tant que capitaine.*

Remplaçant :

[rânple-a-100] *n.c.m.*

Joueur qui ne souhaite pas que le titulaire se blesse pour avoir sa place.

Syn. : *Le 16, le 17, le 18, le 19, le 20, le 21, le 22, le type au frigo.*

Ex. : *José était au frigo depuis six mois. Il prit une cuite le vendredi soir où le coach lui annonça que Fredo s'était pété le tendon d'Achille et qu'il allait jouer. Il était tellement rond qu'il ne put pas.*

Rucking :

[Rêu-quiing] *n.m.ang.*

Déf. n° 1 : manière élégante et racée pour les Britanniques d'extraire le ballon d'un regroupement tout en étant contraints, bien malgré eux, de piétiner la gueule de leurs adversaires.

Déf. n° 2 : manière élégante et racée pour les Français de piétiner la gueule de leurs adversaires tout en étant contraints, bien malgré eux, d'extraire le ballon d'un regroupement.

Syn. : *grattage, piétinement, montée de l'escalier, soupe de crampons, escalade, éventration.*

Ex. : *Plus personne ne pouvait arrêter le gros Dédé. La veille, il avait vu un match du Tournoi où le talonneur anglais éventrait, avec les félicitations du jury, un pauvre troisième ligne écossais qui s'était endormi sur le ballon. Le rucking, avait expliqué le commentateur. Résultat des courses, Dédé avait limé ses crampons pendant une heure et, maintenant, il escaladait tout se qui bougeait. Plus personne ne voulait aller dans les regroupements. Y compris ses coéquipiers.*

Se faire prendre :

[Ce-fer-pr-an-dr'] *v.*

Comble de l'infamie pour un pilier, surtout quand cela se passe en public.

Syn. : *subir, se faire prendre à l'impact.*

Ex. : *Y avait plus rien à faire. Sur toutes les mêlées, Dédé se faisait prendre à l'impact. On a dû l'abattre.*

Spirale de la défaite

Sponsor

Stade Toulousain

Strapping

S

Spirale de la défaite :
[spi-ra-lêu-2-la-dé-fè-t'] n.comp.f.

Maladie pire que la grippe aviaire qui met une équipe par terre en quelques jours. Les symptômes sont redoutables : quoi que l'équipe fasse, elle perd. Aucune explication scientifique n'est disponible à ce jour. On ne sait pas comment ça s'attrape ni comment ça guérit. Comme traitement, certains clubs n'hésitent pas à virer l'entraîneur. Cela s'appelle « l'électrochoc » ou « le choc psychologique ». *Remarque :* ce traitement ne marche pas à tous les coups. *Remarque (bis) :* toujours pour ce traitement, nul besoin que l'entraîneur ait quelque chose à voir avec les défaites.

Syn. : *l'impasse.*

Ex. : *À l'entraînement du mercredi, notre entraîneur avait vraiment une sale gueule. C'est René qui trouva l'explication. À la une du journal, un titre : « Rugby : comment arrêter la spirale de la défaite ? »... Traduction : il n'en avait plus que pour quelques jours !*

Sponsor :

[ss-pon-çôr] *n.c.m.*

Personnage messianique de la liturgie rugbystique : celui qui doit arriver... un jour prochain.

Syn. : *partenaire, soutien, pigeon, dindon, type qui refuse d'augmenter sa secrétaire de 150 euros et qui balance 15 000 euros pour avoir son nom en bas du menu du club-house.*

Ex. : *Le gros Dédé, qui n'était pas la moitié d'un con, disait à propos des sponsors : « Si t'écoutes les dirigeants, les sponsors c'est comme les cèpes. Ils savent tous où y en a, mais aucun n'en ramène ! »*

Stade Toulousain :

[sta-deu-tou-lou-zin] *n.p.*

Club qui a inventé le concept des types qui ont inventé le concept des types qui ont inventé le rugby.

Syn. : *le Stade.*

Ex. : *À l'époque, je jouais en Honneur dans le Nord. À la fin de la saison, le président nous rassembla et nous annonça la larme à l'œil qu'il avait recruté un entraîneur « de très haut niveau qui avait joué à Toulouse ». L'été passa. Tout le monde ne parlait que de l'arrivée de ce gars qui allait nous apprendre LE RUGBY... Tout se passa à peu près bien jusqu'en novembre. Nous avions perdu autant de matches que la saison d'avant, mais le bougre avait l'accent et il savait y faire. Sa phrase préférée, c'était : « C'est un projet sur trois ans. » Au bout de la quatrième défaite à domicile, le doute s'installa chez certains* *joueurs, dont moi. Ayant des attaches dans le Sud, je tentai de me renseigner sur le CV du nouveau coach. En une semaine, c'était plié. Il avait bien joué à Toulouse, mais au Gazélec, pas au Stade… Le président était tombé dans le panneau du célèbre « Coup du Toulousain* » qui a fait de très nombreuses victimes dans les petits clubs du nord de la Loire.*

* Ce coup du Toulousain a fait des émules à l'international, puisque à haut niveau il s'est beaucoup pratiqué et se pratique encore : « Le coup du Néo-Zélandais ou du Sud-Africain ». Même principe, même mécanique : un inconnu se pointe dans un club, gagne deux fois plus que les autres joueurs, simplement parce qu'il est originaire de l'hémisphère Sud, même s'il a une jambe plus courte que l'autre. À noter que ce coup nécessite un président benêt et un entraîneur à la tête près du bonnet. Conjonction pouvant se produire sous nos latitudes.

Strapping :

[St-ra-ping] *n.m.ang.*

Bandage de contention à base d'Élastoplast. L'art de ce bandage réside dans la capacité à le faire ni trop ni pas assez serré.

Syn. : *le garrot, le supplice de la vis.*

Ex. : *On a dû virer le nouveau kiné. Sur cinq strappings de la cheville, trois ont entraîné une amputation partielle des orteils.*

Tableau noir

Talonneur

Toulon

Troisième ligne

Trois-quarts

Trois-quarts centre

Tableau noir :

[Tâ-blô-no-ar] *n.comp.m*

Séances de travail théorique au cours desquelles l'entraîneur se prend pour l'instit du village.

Syn. : *sieste.*

Ex. : *Ce que Roger préférait parmi toutes les séances d'entraînement, c'était sans conteste les séances de « tableau noir ». Il se filait au fond et branchait le pilote automatique. Sa seule crainte était de se mettre à ronfler trop fort.*

Talonneur :

[ta-lô-neur] *n.c.m.*

Petit rugbyman honteux qui se cache au milieu des mêlées pour jouer au ballon avec ses pieds.

Syn. : *talon, jouer dans la cage, talonnier.*

Ex. : *Vincent Moscato est un talonneur sans queue ni tête.*

Toulon :

[Toooûûû-lon] *n.p.*

Club de marins.

Syn. : *la Rade, les Enfants du Faron ou du Petit Chicago.*

Ex. : *À chaque fois que vous irez jouer à Toulon, vous prendrez des embruns plein la gueule. N'y voyez rien de personnel, c'est un microclimat.*

Troisième ligne :

[3-zi-M lî-nieu] *n.comp.f.*

Individu ayant un problème d'identité sexuelle. Un esprit d'arrière dans un corps d'avant ou l'inverse.

Syn. : *troisième latte, flanker.*

Ex. : *C'était un très beau troisième ligne, même tout nu,on aurait dit un trois-quarts !*

Troisième mi-temps :

[3-zi-M mi-tan] *n.comp.f.*

Moment sacré pour les joueurs de rugby se situant après le match. Les joueurs, oubliant leur opposition parfois rugueuse des minutes précédentes, fraternisent dans un élan de communion et de poésie que tous les sports leur envient. Refaisant le match et le monde jusqu'à l'aube, ils profitent de ces instants uniques pour étaler leur lyrisme et leur finesse d'esprit.

Syn. : *l'après-match.*

Ex. : *Pour la première fois de sa vie, le gros Bébert avait dégueulé toute la nuit. Alors que tout se passait bien, accroché au comptoir par sa ceinture, il attaquait son vingtième demi et une version inédite et rap des « Fêtes de Mauléon », quand le petit Lulu, sans aucune raison valable, lui révéla que chier, c'était comme se faire enculer à l'envers.*

Trois-quarts :

[3-kâr] *n.comp.m.*

Joueur de rugby pas tout à fait fini.

Syn. : *arrière.*

Ex. : *Ce trois-quarts aurait pu jouer devant s'il n'avait pas eu ce pépin à la naissance.*

Trois-quarts centre :

[3-kâr-100-tr] *n.comp.m.*

Type qui n'est pas tout à fait au milieu.

Syn. : *centre.*

Ex. : *Ce centre faisait les bordures.*

William Web Ellis

W
W

William Web Ellis :

[oui-li-am oueb-é-lis] n.p.

Type par qui le malheur arriva. Un jour, alors que tout le monde s'amusait follement à se mettre de grands coups de pieds amicaux dans les tibias, ce fils de personne prit le ballon à la main et s'éloigna à jamais de l'essentiel. Le rugby ne deviendrait jamais ce paradis qu'il aurait dû rester, car les trois-quarts étaient nés !

Syn. : *La 8e plaie d'Égypte, pêché originel.*

Ex. : *Certaines fois je m'endors en rêvant d'un monde parfait. Celui où William Web Ellis aurait pris une énorme manchette au tout début de sa connerie.*

« ON N'EST PAS LÀ POUR ÊTRE ICI »